LOUIS XVIII

ET

CHARLES X.

Septembre 1824.

NANTES,

A LA LIBRAIRIE DE MELLINET-MALASSIS,

Place Bourbon, à la Bible d'Or.

MORT DU ROI LOUIS XVIII.

Depuis quelques mois il se répandait des bruits affligeans sur l'état de la santé du Roi, et ces bruits, dont notre amour nous portait d'abord à soupçonner la vérité, avaient fini par dégénérer en inquiétudes, hélas! trop réelles. Les personnes qui avaient eu le bonheur de voir cet excellent Prince, avaient été frappées de l'état de dépérissement dans lequel il était tombé. Tout enfin faisait craindre à la France la perte prochaine de son Roi. Cependant, si les forces corporelles abandonnaient Louis, *son courage ne l'abandonnait pas.* Malgré les symptômes alarmans, les douleurs plus vives, les incommodités plus fréquentes, il luttait, non contre le danger dont il mesurait l'étendue, mais contre les conseils respectueux qui le suppliaient de consacrer quelques jours à se guérir. Dans l'exil il eut arrêté la maladie; car alors il n'était responsable de son existence qu'à lui-même; sur le trône, il sacrifia sa vie, parce qu'il se trouvait responsable à la France de chacun des jours qu'il croyait perdus en les donnant à ses douleurs. *Un Roi de France peut mourir,* disait-il, *mais il ne doit jamais être malade.*

Le 25 août, ce jour dont avant lui dix-sept rois avaient consacré la solennité religieuse, tous ceux qui l'avaient approché avaient été frappés de sa souffrance autant que de son courage; on l'avait vu alors courbé sous le poids de la maladie, tourmenté par la douleur, mais sans plainte, sans faiblesse, s'occupant encore du bien qu'il pourrait faire, dirigeant ses ministres, accueillant les grands de l'État, remplissant jusqu'au bout cette laborieuse tâche de régner, que Dieu impose à des familles qu'il a marquées lui-même. Comme un voyageur qui répand, au moment de partir, ses dons les plus précieux, il semblait vouloir consacrer ses derniers momens par des bienfaits plus grands encore. *Je ne connais félicité en seigneurie,* répétait un prince, *excepté en une seule chose.* Plait vous nous dire en quoi, lui di ait-t-on. *C'est,* répondait-il, *en puissance de faire bien a autrui.* Ce Prince était un Roi de France, et ce Roi de France était de la famille du Roi qui n'est plus.

Ce même jour, malgré ses souffrances, le Roi étonna tous ceux qui l'approchèrent par ces réponses spirituelles et touchantes, que son élocution brillante et facile lui rendait si familières. On distingua surtout celle qu'il adressa à M. le Préfet de la Seine, et qu'il prononça avec un accent qui peut se retenir, mais qui ne peut se rendre : *Ma bonne ville de Paris connaît mon amour pour elle; je suis bien sûr, quand elle célèbre ma fête, que c'est du fond du cœur.* Qui oubliera jamais les paroles si aimables et d'un goût si exquis, que S. M. adressa au général Vallin : *Général votre coup de canon retentit encore.*

Après avoir reçu les officiers de la garde royale et de la garde nationale, les autorités civiles et militaires, il était naturel de que le Roi, déjà malade, aurait besoin de repos; mais il voulut absolument travailler avec Mgr. le Garde-des-Sceaux et user du plus beau droit de la couronne, le droit de faire grâce : *c'est aujourd'hui ma fête,* dit le Roi, à son ministre avec le sourire de la bonté. Et cinq cent trente-deux remises ou commutations de peines furent accordées à l'instant même.

Depuis ce tems, le Roi, quoiqu'éprouvant des souffrances plus vives et plus aigues, voulut se livrer comme à l'ordinaire aux soins que réclamait l'administration du royaume : on eut dit que le ciel ajoutait à son courage tout ce qu'il ôtait à ses forces. Ne pouvant se faire illusion à lui-même, le Roi cherchait à abuser sur sa situation les objets les plus chers à son cœur, pour alarmer le plus tard possible leur tendresse. Le 29 août, il écouta avec la plus grande attention M. le duc de Damas, qui lui présenta, comme président d'une commission spéciale, le programme et les dessins du monument de Quiberon : le Roi versa des larmes et paya ainsi un tribut d'admiration à la mémoire de ces Français, de ces martyrs qui réclament un tombeau.

Bientôt arriva ce mois de septembre, mois funeste qui vit mourir Charles V et Louis XIV, mois précurseur des grands changemens de température qui exercent une vive influence sur les santés chancelantes : de nouveaux symptômes s'accumulèrent, une autre crise se fit sentir. Plus le danger devenait pressant, plus le fils de Louis XIV faisait d'efforts pour le supporter : ce n'était point sa vie qu'il disputait, c'était le tems qui appartenait à la France : il savait son état ; il disait à un homme, dont l'âge se rapprochait du sien : « Vous célébrerez seul cette année votre anniversaire. » Il disait à un autre : « Je vous ai empêché de voyager, c'est pour » une triste raison ; puisse, du moins, ce tems qui ne peut plus » rien pour moi, n'être pas dangereux pour vous ! » On aurait dit que sa force toute entière se réunissait dans son esprit, se concentrait autour de son cœur. Ses ministres, à leur travail, ne l'avaient jamais trouvé si supérieur ; les ambassadeurs admis auprès de lui ne l'avaient jamais vu si grand, et cette auréole de gloire que notre religion sainte apperçoit autour de la tête de ceux qui vont mourir, semblait l'éclairer déjà. Ce n'était pas la foi de Jésus-Christ : c'était, pour emprunter à l'église une de ses expressions les plus élevées, les devoirs de la royauté qu'il confessait sur les bords de la tombe.

Cependant les jours s'écoulaient, et la force qui soutenait le Roi s'évanouissait avec eux. Le 10 septembre (vendredi) on le supplia de se mettre au lit pour essayer d'un repos nécessaire ; le lit on insista encore. « Si je me déclare malade, répondit il, » on fermera la Bourse et les lieux publics, il y aura beaucoup » d'intérêts lésés, peut-être des malheurs de fortune, peut-être la » ruine de quelques familles, et tout cela pour moi ; non je ne » me mettrai point au lit. »

A cette époque Mgr. le Garde-des-Sceaux présenta à S. M. un nouveau travail relatif à diverses commutations de peines. Le Roi les accorda toutes, en ajoutant : *Pour la première fois il me coûte de signer grâces et faveurs, je voudrai tout réserver à mon frère ; car c'est par là que doit toujours commencer le règne d'un Bourbon.*

C'est le dimanche 12 septembre que la maladie du Roi prit un caractère plus sérieux. S. M., malgré l'avis des médecins, avait voulu se lever et assister au déjeuner; mais, vaincue par la violence du mal, elle ne put rien prendre et prononça à peine quelques mots. S. A. R. MADAME voulut en vain cacher son émotion. Le Roi la pria de s'approcher, et, lui prenant la main, la pressa deux fois contre ses lèvres avec une vive émotion. Les forces épuisées de S. M. ne répondoient plus à son courage; un abattement cruel se faisait sentir; il luttait encore, mais sa volonté résistait seule à la douleur devenue la plus forte; la maladie, réprimée long-tems, se développait avec un caractère plus grave; l'ordre des réceptions fut interrompu, le Roi se déclara malade, et dès ce moment, faut-il le dire, dès ce moment on put croire qu'il se préparait à la mort, et la France attristée implora les secours de la religion.

En effet, à peine le douloureux état du Roi eut-il été connu que Mg.r l'évêque d'Hermopolis, ministre secrétaire-d'état au département des affaires ecclésiastiques et de l'instruction publique, écrivit à MM. les archevêques et Evêques du royaume la lettre suivante :

« Monseigneur, Je suis dans la douloureuse nécessité de vous informer que l'état de santé où se trouve le Roi, donne de vives inquiétudes : tous les cœurs français et chrétiens doivent se réunir pour implorer sur une tête si auguste et si chère, les bénédictions du Ciel : votre dévouement à la personne sacrée du Monarque et le zèle qui vous anime, vous dicteront tout ce qu'il est convenable de faire dans cette conjoncture. »

En même tems que Mgr. le Ministre des affaires Ecclésiastiques et de l'instruction publique écrivait à MM. les Evêques, les Ministres de l'intérieur et des finances prenaient des arrêtés, nécessités par le triste état de la santé du Monarque. Le premier ordonna la clôture des spectacles et lieux publics de divertissemens, le second prescrivit la clôture de la Bourse.

Les arrêtés des Ministres furent publiés, à la suite des bulletins, sur lesquels ils étaient motivés. Aussitôt la foule se hâta d'en prendre connaissance. On y lisait que les infirmités anciennes et permanentes du Roi ayant augmenté sensiblement depuis quelques jours, sa santé avait paru profondément altérée, et était devenue l'objet de consultations plus fréquentes; que la constitution de S. M. et les soins qui lui étaient donnés, avaient entretenu, pendant plusieurs jours, l'espérance de voir sa santé se rétablir dans son état habituel; mais qu'on ne pouvait plus se dissimuler que ses forces n'eussent considérablement diminué, et que l'espoir que l'on avait conçu, ne dût aussi s'affaiblir. Un autre bulletin annonçait que la fièvre avait augmenté dans la journée du 12, qu'il était survenu un grand froid dans les extrémités, que la faiblesse s'était accrue ainsi que l'assoupissement, que le pouls avait été constamment faible et irrégulier.

Ces renseignemens trop malheureusement certains ne permettaient plus de révoquer en doute le danger imminent dont le Prince était menacé; les secours de l'art semblaient insuffisans contre les ravages de la maladie, Dieu seul nous pouvait secourir, aussi ce fut vers lui que se portèrent tous les vœux, toutes les prières et les espérances.

« A peine Mgr. l'Archevêque de Paris eut-il reçu la lettre de S. Exc. le Ministre des affaires Ecclésiastiques et de l'Instruction publique, qu'il publia un mandement, qui fut bientôt dans toutes les mains, comme les sentimens qui l'avaient dicté étaient dans tous les cœurs.

« L'état de S. M. avait empiré dans la nuit du 13 septembre. Cependant, le Roi, redoublant d'efforts, voulait absolument se lever ; mais on parvint à le faire changer d'avis. On commença, dans toutes les Eglises, l'*Oraison des Quarante heures*.

« Bien peu de personnes savent que, dans une modeste chambre d'un des étages supérieurs des Tuileries, il existe un digne successeur de François-de-Salles et de Vincent-de-Paule, un véritable apôtre, un homme à part dans ce siècle ; presqu'aucun de ceux qui habitent le château ne soupçonnaient son existence ; mais MADAME le connaissait et les malheureux savaient son nom : c'et M. l'abbé Rocher, confesseur du Roi : c'est ce vénérable prêtre qui fut chargé de prévenir le Roi de l'imminent danger qui le menaçait. Aussitôt, le Roi se prépara à paraître devant celui qui juge les peuples et les Rois. Pendant ce tems, les tristes nouvelles transmises à la connaissance du public devenaient l'unique sujet de tous les entretiens.

« Le peuple de Paris se porta dans la cour des Tuileries et dans le jardin ; chacun espérait apprendre qu'il serait survenu, pendant la nuit, quelqu'amélioration à l'état de l'auguste malade. L'inquiétude était peinte sur tous les visages ; les personnes qui sortaient du château, étaient environnées par divers groupes, qui les questionnaient avec empressement sur la santé du Monarque. Ce témoignage d'amour, ces inquiétudes dont la source était si pure, offraient un spectacle véritablement attendrissant. Ah ! sans doute il a soulagé bien des souffrances et cicatrisé bien des plaies, celui qui inspire de si nobles sentimens, et dont la maladie est regardée comme une calamité publique.

« A sept heure et demie, le Roi envoya son confesseur chez le Grand-Aumônier dire *que tout se préparât, qu'il se sentait de la force.* Au moment même où le Grand-Aumônier arriva, le Roi dit à MONSIEUR : « Mon frère, vous avez des affaires qui vous réclament ; moi *j'ai des devoirs à accomplir.* » Dignes paroles d'un fils de Saint-Louis, et qui nous rappellent Henri IV disant à son confesseur pendant la cérémonie du couronnement de la reine : *Je pense au jugement dernier et au compte que nous y devons rendre à Dieu.*

A huit heures, M. le Prince de Croï, Grand-Aumônier de France, et M. l'Evêque d'Hermopolis, accompagnés de M. le Curé de Saint-Germain-l'Auxerrois et de plusieurs Ecclésiastiques, se rendirent à la chapelle du château, pour y prendre le Saint-Viatique, et le portèrent processionnellement dans les appartemens de S. M., en passant par le péristile et le grand appartement.

LL. AA. RR. MONSIEUR, Mgr. le duc d'Angoulême, MADAME

et Madame la Duchesse de Berry, arrivée le matin même de Rosny, où elle avait reçu un courrier extraordinaire, suivaient le Saint-Sacrement et portaient des cierges. Le Prince de Castelcicala, le Président du conseil des Ministres, MM. les Grands-Officiers de la maison, et généralement toutes les personnes du service du Roi et de LL. AA. RR., étaient présentes à cette auguste et touchante cérémonie. Des gardes, des femmes accompagnaient, suivaient cet imposant cortège. On marchait à travers les salles royales; l'or des casques, l'acier des armures, la richesse et la pompe de la cour brillaient, partout autour de ce dais, et cette pompe, cet or, ce cortège, cette richesse, n'étaient que pour apprendre et pour aider à mourir. A huit heures cinq minutes, le Grand-Aumônier et M. l'Evêque d'Hermopolis entrèrent dans la chambre du Roi. La présence des deux Prélats et de leur suite fit naître une vive émotion parmi les assistans. Chacun se joignait d'intention à la pieuse cérémonie qui allait être célébrée.

Quelle scène à décrire et quel talent humain pourrait retracer un tableau tout céleste. La cérémonie commence; le petit fils de Saint-Louis est en proie aux plus vives souffrances, mais plus grand que la douleur même, le Roi reçoit le Saint-Viatique et l'Extrême-Onction avec la piété la plus exemplaire et la résignation la plus calme. MONSIEUR demande au ciel des forces pour maîtriser sa douleur, Madame la duchesse de Berry ne peut cacher la sienne, Mgr. le duc d'Angoulème cherche à ne pas croire au malheur qui les menace, et MADAME pleure un père pour la seconde fois.

S. M. s'unit avec une attention soutenue à tous les actes, et répondit aux prières de M. le Grand-Aumônier; pendant l'Extrême-Onction, le Roi indiquait lui-même les parties de son corps que la maladie avait épargnées et qui ne pouvaient, selon lui, profaner l'Onction sainte.

Au moment où le Roi reçut les Sacremens, toutes les personnes qui se trouvaient en foule dans la cour des Tuileries se jetèrent à genoux par un mouvement spontané, priant avec ferveur pour la conservation des jours du bien aimé Monarque! La cérémonie fut on ne peut plus touchante; des pleurs coulaient de tous les yeux. Le Roi seul était calme, et rappelait avec une grande présence d'esprit tout ce qu'il fallait faire.

Après la cérémonie, la Famille Royale entendit la messe des malades à la chapelle du château; ensuite, les Princes et Princesses remontèrent chez le Roi, qui avait témoigné le désir de les revoir. Le Roi les fit approcher de son lit de douleur, leur adressa des paroles de tendresse, et tirant sa main de son lit il leur dit: *Adieu mes enfans, avant de vous quitter je veux vous donner ma bénédiction.* Alors LL. AA. RR. se prosternèrent, joignirent les mains, et le Roi, étendant la sienne, leur dit: *Que Dieu soit avec vous!* Dieu l'a entendu, ce vieillard vénérable, et cette bénédiction, aussi sacrée *que toute bénédiction que jamais père peut donner à ses enfans*, est retombée jusques sur la France qui l'a reçue comme le dernier bienfait de son Roi. Le grand Louis, au lit de mort, donna jadis à son petit fils ces admirables conseils destinés à fonder la prospérité du royaume; mais c'est qu'alors son petit

Il était dans les premières années de l'enfance. Plus heureux que le grand Louis, notre Roi n'eut qu'à regarder son frère, et le regard de son frère lui répondit, en ce moment sacré, de tout ce qu'il aurait de soins et d'amour pour la France. Noble héritage, aussi beau que la couronne, pur comme elle, et que, depuis le bon Henri, nos Rois n'en ont jamais séparé ! L'anxiété qui s'était prolongée pendant plusieurs heures, se manifesta plus particulièrement, lorsqu'après la sainte cérémonie, on aperçut au bas de l'escalier S. A. R. MADAME, qui venait de chez S. M., et dont les yeux étaient baignés de larmes.

Deux bulletins parurent pendant cette matinée ; sans être rassurans, ils étaient cependant moins inquiétans que les premiers.

Une sorte d'espoir se manifesta, et des cris de *vive le Roi !* se firent entendre.

Le Roi, qui avait béni sa famille le matin, demanda à voir les Enfans de France. Ils arrivèrent de Saint-Cloud vers les trois heures et furent conduits, peu de tems après, dans l'appartement du Roi, leur grand-oncle. « Il ne pouvait plus les voir, dit M. de Châteaubriand, il ne pouvait plus même étendre sur eux sa main paternelle, mais on reconnaissait, aux mouvemens de ses lèvres, que le vieux Monarque mettait sous la protection du ciel un berceau qu'il ne pouvait plus protéger. » Les Enfans de l'infortuné duc de Berry sortirent de chez le Roi à cinq heures. Au moment où ils quittaient les Tuileries, la foule se précipita sur leur passage et les salua des cris répétés de *Vive le Roi ! vivent les Bourbons !*

Une femme du peuple, profondément attendrie, s'écria, en voyant passer les Enfans de France qui repartaient pour Saint-Cloud : « *Que le bon Dieu nous les conserve, ceux-là !* »

Les prières de la Religion, les vœux de cette multitude de sujets rassemblés autour de la royale demeure et dans nos basiliques sacrées aux pieds des autels du Seigneur, ne purent suspendre les progrès du mal, ni en arrêter les trop visibles effets. Les cinquième et sixième bulletins achevèrent de dissiper le rayon d'espoir qu'avait fait naître dans toutes les âmes le consolant bulletin de deux heures.

Ainsi se passa la journée du lundi. Jusques fort avant dans la nuit, la place du Carrousel, les avenues du Louvre furent remplies de spectateurs qui accouraient au-devant de tous ceux qui sortaient du château, les interrogeaient, les accablaient de questions, et suivaient avec une inquiète curiosité le mouvement des huissiers de l'intérieur du château des Tuileries. Les gardes du château et des environs ont assuré que beaucoup de personnes ont passé la nuit sur la place du Carrousel. Le Roi, de son lit de douleur où toutes ses facultés étaient vivantes, put connaître ces témoignages d'amour et de douleur qui éclataient de toutes parts, et dans la consolation qu'il en ressentait, dans l'adoucissement que ces preuves de la reconnaissance publique apportaient à ses affreuses douleurs, il disait : « *J'ai donc fait quelque bien.* » O Louis, eh ! qui jamais eut pu vous le contester ? Aussi, vos Français se sont ils retrouvés tous entiers dans cette grande circonstance. Tous les discours tenus parmi les personnes que réunissait ce triste événement étaient dictés par un même sentiment; chacun se rappelait avec complaisance les titres de ce Prince au respect et à la reconnaissance des peuples. Il n'y a plus d'opinions pour pleurer sur son Roi; la douleur est commune, tous les partis sont fondus; la foule se précipite vers le château, on se questionne, on se presse, on n'entend qu'un vœu : Dieu sauvez le roi; *Domine salvum fac regem.*

Mais, au milieu de ce triste tableau de deuil général, quel épisode que celui de la scène déchirante que présente la demeure du Monarque! Voyez autour de ce lit de souffrances cette royale famille qui semble destinée aux douleurs, et qui n'avait pas encore épuisé les larmes. Voyez ce noble et généreux prince repoussant d'une main désolée la couronne qui luit à ses yeux noyés de larmes, et conjurant le ciel de ne lui imposer jamais d'autres devoirs que ceux de tendre père et de sujet fidèle. Voyez ces angéliques princesses, *cette nièce deux fois orpheline, et cette veuve deux fois mère*, retrouvant des pleurs pour des souffrances nouvelles. Voyez celui qu'il se plaisait à nommer son fils, oubliant sa gloire pour ne songer qu'à la perte de son père, inonder de larmes ces lauriers qu'il croit voir changer en cyprès. Dieu de clémence, jette un regard de miséricorde sur la France éplorée! prolonge une vie qui fut toute entière, qui serait encore consacrée au bonheur de la France! permets à celui qui a tout fait d'achever son ouvrage.

Le mardi 14, la prolongation de la maladie du Roi n'avait rien ôté aux témoignages et à l'expression de la douleur publique. On s'abordait, on s'interrogeait avec anxiété; la foule consternée assiégeait les portes du palais, et ne les quittait que pour aller prier dans les temples; jamais affliction plus vraie, plus profonde ne s'était manifestée dans la capitale. *Rien*, dit M. de Chateaubriant, *n'était touchant comme cette foule silencieuse qui parlait bas autour du château des Tuileries dans la crainte de troubler l'auguste malade. Le Roi mourant était, pour ainsi dire, veillé et gardé par son peuple.*

Cependant, au milieu des souffrances d'une longue agonie, le Roi conservait le calme du juste et l'âme d'un héros. La veille au soir, voyant que tous les médecins se disposaient à passer la nuit auprès de lui, il avait dit à M. Portal. *J'espère que vous irez dormir, vous, votre vie est trop précieuse à l'humanité.*

Dès cinq heures du matin, des groupes nombreux s'étaient réunis sous les fenêtres du château, et les bulletins qu'on y distribuait n'étaient, hélas! que trop propres à entretenir et à augmenter les alarmes.

A sept heures, la foule plus grande encore, demandait des nouvelles de son Roi; *toujours de même*, répondaient ceux qui descendaient du château; *toujours de même*, répétait-on dans les groupes; puis on levait au ciel des yeux baignés de larmes.

A huit heures, un nouveau bulletin vint ajouter à toutes les douleurs; on y lisait que le Roi avait été toute la nuit dans un grand affaissement; que la fièvre avait toujours été très-vive; que la faiblesse allait toujours en augmentant.

A neuf heures, les grands-officiers de la maison du Roi, les ministres, les maréchaux vinrent aux Tuileries, pour prendre connaissance du bulletin de la santé de Sa Majesté. L'infant de Portugal don Miguel, s'y rendit à la même heure; il y était venu trois fois dans la journée du lundi.

A une heure, le Roi éprouva une grande défaillance; la respiration était entrecoupée, le poulx faible; les médecins crurent que la dernière heure du prince approchait.

LL. AA. RR. informée de cette crise, s'empressèrent de se rendre auprès du Roi. Ses yeux étaient immobiles, son sommeil ressemblait au sommeil de la mort. A l'instant même le bruit se répand que le Roi vient d'expirer. Le vénérable curé de St.-Germain l'Auxerrois, qui sort du château, est entouré; il n'a pas la force de parler, des larmes coulent de ses yeux..... Tous les cœurs l'ont compris, et un grand nombre de personnes quittent le Carrousel, les Tuileries, et vont répandre dans Paris que le Roi vient de mourir. Cette douloureuse nouvelle fut apportée jusque dans les bureaux de M. le Préfet de Police; il n'y avait point de variations dans les funèbres rapports; c'était, disait-on, à une heure un quart que le Roi était mort.

Cette triste nouvelle fut bientôt démentie, le sommeil n'avait été que léthargique. Le Roi s'étant éveillé, regarda autour de lui, reconnut les Princes et Princesses qui entouraient son lit, et prononça ces paroles: *Je ne croyais pas qu'il fut tems encore; mais dites toujours et je vous suivrai.* Ce fut alors qu'il demanda, qu'on lui récita les prières des agonisans et que le prélat qui s'acquittait de ce pieux devoir ayant omis un verset, le Roi qui avait une connaissance profonde des Ecritures leva péniblement la tête et dit: *M. l'archevêque vous passez un verset.* Lui-même répondit en latin à toutes les prières et écouta avec un saint recueillement celles de la recommandation de l'ame, qui furent récitées ensuite; tous les assistans étaient muets d'attendrissement et d'admiration.

Cependant la nouvelle de la mort du monarque amena dans la cour des Tuileries une foule immense de peuple. Qu'il fut effrayant le silence qui régna au milieu de cet amas confus d'hommes, de femmes de toute condition, quand on annonça qu'on allait avoir des nouvelles du Roi. Ce nouveau bulletin, qui était le neuvième, annonçait la crise que venait d'éprouver le Roi, et la douloureuse cérémonie dont elle avait été suivie.

Les Princes de la famille d'Orléans et M. le duc de Bourbon présens alors aux Tuileries, y restèrent jusqu'à huit heures du soir. A 9 heures, le dixième bulletin annonça l'augmentation du danger.

Ce jour, comme celui de la veille, vit la foule se porter dans nos temples saints, unir leurs prières aux ministres des autels, et demander que le ciel sauvât un monarque qui avait lui-même sauvé la France.

Chaque instant prouvait l'amour du peuple pour le descendant d'Henri IV. Une femme de la halle vendait sa marchandise à tout prix, parce que, disait-elle, elle aimait mieux perdre, que de manquer le *Salut*, pour prier pour le roi. Une autre femme du peuple s'écriait : « Dix ans de moins pour moi, et dix ans de plus pour notre père. » Cet amour des Français pour leurs princes, aussi vieux que la monarchie, se retrouvait tout entier dans cette triste circonstance : les fêtes de famille avaient cessé, tous les amusemens étaient suspendus : la France entière était une famille tremblante pour un père adoré.

A onze heures du soir, l'état du malade ne s'était point amélioré; il continuait de souffrir avec le même héroïsme. Le courage du roi grandissait dans la souffrance, à mesure que l'espoir de la France s'affaiblissait. Chaque moment ajoutait à sa vertu et à notre douleur. Nous cherchions en vain quelques illusions, dans nos désirs : il était impossible de s'abuser, et l'héroïsme de l'auguste malade ne servait qu'à nous faire sentir d'avantage la perte que nous étions prêts de subir.

Ce courage qu'il opposait aux douleurs physiques, il l'avait déployé tant de fois contre des maux plus réels, plus graves du moins pour son cœur, comme frère, comme Roi, comme père, comme français! Louis XVIII avait vaincu tant de malheurs par sa sagesse, et non pas seulement les siens, mais les nôtres; non pas seulement ceux qu'il avait soufferts dans sa famille, mais ceux qui l'avaient blessé dans sa patrie! C'est lui qui nous disait : *Un Roi de France ne désespère jamais avec des Français.* Hélas! pourquoi les Français ne pouvaient-ils pas justifier, dans le moment de leurs craintes, cette parole toute entière? C'est qu'il n'y a qu'une chose que la France ne peut pas vaincre.

Cependant, si tant de larmes répandues, si les prières qui s'élevaient de toutes parts, si le désespoir d'une famille auguste, qui méritait enfin que la mort se reposât quelques années loin d'elle, si la gloire suppliante, la religion en deuil, la liberté comme expirante dans son père, les lettres abattues, les pauvres désolés, toute la patrie gémissante; si la France en alarmes, si l'Europe en suspens, si tout ce qu'il y a de généreux, de noble et de touchant sur cette terre avait pu obtenir grâce, le Dieu qui protège la France l'eut sauvé dans son Roi! Vains souhaits! vœux superflus! Dieu allait rappeler à lui son ministre, pour rendre compte de ses vertus et de notre bonheur! Louis XVIII s'élevait du milieu des larmes de ce monde dans la gloire céleste; notre Roi, nous en jugeons par notre douleur, notre Roi devenait plus qu'un homme! Sa mort seule devait nous apprendre qu'il était mortel!

Le mercredi 15, à deux heures du matin, l'état du Roi devint de plus en plus alarmant; le poulx était de plus en plus faible, la gangrène faisait des progrès; mais le Roi conservait, avec sa connaissance, son calme sur humain. Il ne se dissimulait pas que son état était désespéré! Le curé de St.-Germain l'Auxerrois avait fait, à voix basse, des prières près du lit de S. M. Quand il fut loin, le Roi dit à un de ses médecins: *M. le curé a prié a voix basse, de peur de m'effrayer: je n'ai pas peur de la mort : il n'y a qu'un mauvais Roi qui ne sache pas mourir.*

Un dixième bulletin, publié à huit heures, annonce que la nuit a été des plus orageuses; que la fièvre a redoublé avec des anxiétés et des faiblesses réitérées; que la respiration est de plus en plus laborieuse; et qu'enfin l'affaissement de toutes les fonctions va toujours croissant.

Malgré ces affligeantes nouvelles, présage presque certain du malheur qui les menace, les fidèles Français espèrent contre toute espérance; la providence a tant fait de miracles en faveur de la France et des Bourbons, et l'auguste famille a tant de droits à quelque bienfait du Ciel !

La constitution si forte du Roi avait triomphé encore, à six heures du matin, d'une crise semblable à celle qui s'était manifestée la veille : les mêmes symptômes avaient produit les mêmes alarmes. Le Roi avait demandé qu'on recommençât les prières des agonissans. Alors le prêtre ouvrit le livre; mais la voix du monarque s'était éteinte, et il ne put, comme la première fois, prononcer chaque réponse. Il fit signe qu'on continuât, en répétant : *Je vous suis, je vous suis.* Le Roi, plus faible et plus souffrant, ne disait plus rien. Au bout de quelques minutes, son confesseur lui adressa ces paroles: « Le Roi m'entend-il ? » Oui, très-bien ! répondit le monarque mourant. Ainsi, toujours même présence, d'esprit, même fermeté, même courage : c'est l'homme qui s'éteint; le prince règne encore.

Quand les prières furent achevées, il dit: *donnez-moi le Crucifix.* M. l'abbé Rocher le lui apporta. Le Roi souleva sa main défaillante, prit l'image du Sauveur, l'approcha de ses lèvres, en disant : *Mon Dieu ! Mon Dieu ! Mon Sauveur ! Ayez pitié de moi !* Il laissa retomber le crucifix, le reprit pour le reporter à ses lèvres, le baisa à plusieurs reprises, et le laissa enfin retomber pour ne plus donner aucun espoir.

Les personnes qui assistaient à cette scène auguste, purent se rappeler la mort du chef de cette noble race des Bourbons, et ce qu'en raconte, d'une manière si touchante et si naïve, son fidèle serviteur Joinville.

A cette seconde crise, la poitrine du Roi s'était engagée, et les sentimens que sa voix ne pouvait exprimer se disaient encore sur son visage. Rien ne pourrait donner une idée de la douleur de la famille Royale, si l'affliction qu'éprouvait le peuple n'avait fait comprendre aisément à chacun celles de nos Princes, qui avaient adressé aux curés de la capitale d'abondantes aumônes, afin que les pauvres priassent pour la conservation des jours du Roi.

Tout le monde fut sur pied au château pendant cette nuit. MONSIEUR la passa chez Mgr. le duc d'Angoulême, et ne voulut jamais rentrer chez lui, malgré les instances de son auguste fils et de MADAME. Ce Prince passa, tout habillé, la nuit sur un canapé, et à quatre heures du matin, après la crise, il fut le premier chez son auguste frère. Dans un instant, des ordonnances furent envoyées chez Mgr. le duc d'Orléans, Mgr. le duc de Bourbon, chez les ministres et les grands de l'État.

A cinq heures LL. AA. SS. le duc d'Orléans et le duc de Bourbon arrivèrent au château. Les Princes de la famille Royale, M. le grand Chancelier, M. le grand Chambellan, Mgr. l'Archevêque de Paris, Mgr. l'Évêque d'Hermopolis et les grands officiers de service furent admis dans la chambre de S. M. Cette crise, qui donnait de si vives inquiétudes, s'étant calmée, le Roi reprit toute sa connaissance. Tout pleurait autour de lui, et le calme le plus parfait était sur la figure du Roi de France. Il prit la main de

son auguste frère, et des Princes et Princesses de la famille Royale.
La résignation du monarque était peinte sur son front; il paraissait
vouloir consoler les fidèles serviteurs qui étaient autour de lui.
Cette scène déchirante dura près de trois quarts d'heure.

Qu'elle est glorieuse, qu'elle est sainte cette agonie du Roi
très-chrétien, quelle pieuse résignation! Monarques de la terre,
venez apprendre à mourir. La douleur se répand parmi le peuple;
on se raconte les derniers instans d'un roi de France; on en-
toure ce château, naguères le séjour de la joie, et devenu maintenant l'asyle de la tristesse: le père de famille se meurt, il
faut pleurer....

A deux heures, l'inquiétude redoubla, des bruits sinistres se
répandirent: la situation du monarque, d'après le bulletin officiel,
était toujours la même. S'il survenait quelque amélioration, on
promettait de le faire connaître au peuple.

A trois heures, on s'attendait de momens en momens à une nouvelle crise; et les médecins ne dissimulaient pas que ce pouvait
être la dernière. Un d'eux (M. Dupuytren), qu'on vit sortir du château,
essuyait les pleurs qui tombaient de ses yeux.

A neuf heures du soir, la respiration devint plus râleuse et le
pouls d'une débilité extrême et de plus en plus intermittent.

A onze heures, les médecins déclarèrent que S. M. n'avait plus
que quelques heures à vivre.

La nuit avança, dit un témoin oculaire de cette scène de deuil,
minuit était passé; tout ce qu'il y avait de grand et d'illustre en
France était venu se joindre à ceux que le service appelait dans
le château; au dehors régnait un profond silence; la nuit était calme et
brillante; les lumières qu'on apercevait aux fenêtres, donnaient
l'idée d'un grand évènement qui se préparait; au dedans, les salles
à demi éclairées présentaient un aspect triste et sombre. La
galerie de *Diane* était remplie d'officiers, de ministres, d'ecclésiastiques, de gens de la cour, réunis par la même douleur, appelés
par la même inquiétude, qui parcouraient silencieusement sa vaste
étendue, s'arrêtaient à chaque bruit, accouraient au moindre mot
vers la porte de l'appartement du Roi, qui étaient venus sans
espoir, qui s'éloignaient sans espérer davantage, mais qui sentaient
je ne sais quel douloureux besoin d'attendre, et d'attendre encore.
Sur les murs de cette longue galerie, entre des glaces à reflets
obscurs et des draperies de couleur sombre, quelques tableaux ne
représentaient que Henri IV et Louis XVI: Henri IV et Louis XVI
à côté d'un Roi qui allait mourir! Nous, nous éloignâmes, avec
une sorte d'effroi. Nous nous dirigions vers la salle du trône;
il obséquait un profond silence. Le trône était debout avec ses
impérieuses rideaux de velours, son dais de plumes, ses armes,
ses lances, ses trophées, sa couronne; dans la salle brillaient
comme aux jours de fêtes, les globes de cristal, les tentures de
brocard, les candélabres d'or, et celui à qui on avait fait hommage
de cette magnificence, celui qui avait orné ces murs, élevé ce
trône, rétabli cette couronne, était couché sur son lit de mort.
Nous regardions en silence. Le vent de la nuit agitait légère-
ment ces riches draperies, les bougies ne jettaient plus qu'un

faible éclat ; on eût dit que les deux trophées placés à côté du trone s'ébranlaient ; que Robert, que François, que Henri-le-Grand secouaient leurs armures d'or pour venir recevoir leur fils et leur successeur ; et puis nous levâmes les yeux ; et, au-dessus de nous, un tableau consacré par la piété des Rois, représentant Saint-Michel sauvant la France, une pensée consolante nous ramena vers ce royal enfant, dont Saint-Michel a vu la naissance miraculeuse. Nous bénîmes et l'enfant et le Dieu qui nous l'avait envoyé pour les nôtres ; nous nous inclinâmes devant ce trône que Dieu protégeait... Mais tout-à-coup un bruit se fit entendre ; nous courûmes ; c'était vers la porte de l'appartement du Roi. »

« Là, et sur un lit de peu de hauteur, était couché celui qui mourait en chrétien après avoir vécu en Roi ; à ses pieds, son auguste frère qu'il léguait à la France ; près de lui, cette nièce qui, semblable à l'ange des Saintes-écritures, n'était sortie des cachots que pour répandre la paix et la consolation ; ce neveu qui avait apporté, naguère, la couronne des guerriers sur le front du législateur ; cette autre nièce, si jeune, sitôt veuve, si accoutumée à la douleur, et qui nous a conservé dans son fils l'image de celui qui fut l'espoir de la France ; derrière eux, les princes de la maison, quelques serviteurs qui comptaient leur dévouement par leurs années, et, d'un autre côté, des médecins tristes, découragés, examinant, à la lueur des bougies expirantes, non plus ce qu'ils devaient faire, mais, hélas ! ce que nous devions craindre ! Le désordre de cette chambre royale, sa magnificence oubliée, son silence, le trouble qui s'y joignait, l'incertitude, l'attente, tout remplissait le cœur d'effroi, de douleur et de respect. »

« A quatre heures, un des médecins, relevant doucement la main du Roi, tressaillit et dit à voix basse : « Il n'est plus ! » A ces mots, MONSIEUR se jeta à genoux, les yeux baignés de larmes, et dans un mouvement déchirant de douleur, se releva et courut embrasser l'ami, le compagnon de son enfance, le Roi qu'il venait de perdre, le frère qu'il aimait depuis cinquante années. MADAME, Monseigneur, les Princes éclatèrent en sanglots ; tous agenouillés devant ce lit de grandeur et de misère, demandèrent à Dieu d'être bon pour celui qui avait été si bon pour eux. »

« Le comte de Damas, premier gentilhomme de la chambre, parut à la porte de la galerie, et d'une voix entrecoupée par les larmes, il dit : « Messieurs, le Roi est mort ! » Chacun courait, chacun s'arrêta comme si ce malheur était imprévu, comme si jamais nous n'en eussions conçu la pensée. »

« Cette stupeur, ce trouble et ce silence réunis glaçaient tous les cœurs, lorsque le duc de Blacas, premier gentilhomme de la chambre, parut à la porte de la galerie et dit : « Messieurs, le Roi, le Roi ! » Le Roi Charles X parut suivi de M. le Dauphin, de Madame la Dauphine et de Madame Duchesse de Berry. Il s'avança, pâle et portant dans ses traits l'empreinte d'une affliction profonde. Tout ce qui était présent s'inclina devant lui, le front baissé et pliant les genoux, et un cri touchant mais retenu, un cri proféré par l'amour et réprimé par la douleur, un cri étouffé de *Vive le Roi !* se fit entendre.

« Ainsi est mort dans la soixante neuvième année de son âge, très haut, très puissant et très excellent Prince LOUIS, DIX-HUITIÈME DU NOM, ROI DE FRANCE, ET DE NAVARRE, *quatrième fils au Dauphin, fils de Louis XV, et de Marie-Josèphe Princesse de Saxe.*

Après la mort du Roi Louis XVIII le Roi Charles X reçut le Chancelier de France, et les ministres secrétaires d'état, admis après auprès de S. M. pour recevoir ses ordres. S. M. leur répondit : *mes premiers momens ont été à ma douleur, plus tard je serai tout à mes devoirs.* Le Roi fit aussitôt expédier aux Archevêques et évêques et aux cours souveraines des lettres closes qui disent tout à la fois des monumens de sa piété, de sa tendresse pour son frère, et de son amour pour ses peuples.

A six heures, le Roi partit pour Saint-Cloud accompagné de LL. AA. RR. la auguste Famille, et toutes les personnes qui l'accompagnaient étaient plongées dans la plus morne tristesse. Cependant, des témoignages d'amour et d'intérêt leur étaient prodigués de toutes parts; partout retentissait, sur leur passage ; ce cri de *vive le Roi!* que l'on répète en France dans la joie comme dans l'affliction.

A neuf heures, le public, qui se pressait à toutes les portes des Tuileries, fut admis à contempler le Roi mort : ses mains, entièrement décolorées, étaient jointes et pressaient un crucifix. Sa tête était recouverte d'une coëffure garnie de dentelles; un bandeau était placé sous le menton et se rattachait sur le sommet de la tête. Le visage, quoique fort reconnaissable, était singulièrement amaigri et portait la trace des douleurs qu'avait éprouvées le Roi depuis quelques jours. La foule s'approchait en silence du triste palais, contemplait dans un pieux recueillement les traits de celui qu'elle avait tant aimé, et personne ne sortit de ce sanctuaire de la mort sans avoir donné des larmes et des prières à la mémoire de Louis.

Cependant, la triste nouvelle se répandit dans Paris, et par un mouvement spontané la plûpart des boutiques furent fermées, surtout dans les rues les plus commerçables, comme la rue de la Paix, la rue Vivienne, la rue de Richelieu, etc., etc.

Le vendredi 17, on procéda à l'embaumement du corps de S. M. Louis XVIII; cette opération fut terminée le 18 vers neuf heures du matin. Le corps fut ensuite renfermé dans le cercueil, et le cœur et les entrailles placés dans des vases de plomb recouverts de vermeil. Le cercueil fut ensuite porté dans la salle du trône par dix valets de chambre.

Quand le corps de S. M. fut placé sur le lit d'honneur, M. le grand-Aumonier, suivi d'un nombreux clergé, entra et commença les prières pour les morts. Quatorze élèves et autres personnes attachées à la chapelle étaient placés à la droite du corps, et M. le Grand-Chambellan et autres personnes de la cour occupaient la gauche. Le lit d'honneur était placé au lieu même qu'occupait le trône. Il était élevé de six gradins, et surmonté d'un dais de drap d'or ; l'estrade et la couverture du lit étaient également en drap d'or. Les insignes de la royauté étaient placés sur le cercueil, la couronne à l'endroit de la tête, le sceptre au lieu du cœur, et la main de justice sur ses pieds.

Sur une crédence en avant du lit d'honneur avaient été placés le manteau royal, au collet duquel étaient attachés le collier de l'ordre du Saint-Esprit, la plaque et le cordon de l'ordre de Saint-Louis, la plaque et le cordon de l'ordre de la Légion-d'honneur, la plaque et le cordon de l'ordre de Saint-Lazare, le collier de la toison d'or.

Deux crédences, dressées près du lit, et revêtues de drap d'or, portaient les vases de plomb recouverts de vermeil, dans lesquels on avait renfermé le matin le cœur et les entrailles du roi.

Deux autels, aussi resplendissans d'or, occupaient les extrémités de la salle du trône, au pompeux ameublement de laquelle il n'avait rien été changé et qui était éclairée par une quantité innombrables de lumières. Deux huissiers, portant des masses, étaient à l'entrée de la balustrade qui séparait le corps d'avec le public; au pied du cercueil, étaient deux hérauts d'armes assis, et à la tête deux gardes de la manche.

Une population immense se porta au château et fut admise à contempler cet imposant et triste appareil.

Dimanche, 20 septembre, à deux heures et demie, le Roi, LL. AA. RR. Mgr. le Dauphin, M.me la Dauphine et MADAME duchesse de Berry montèrent dans des voitures entièrement drapées de violet, pour se rendre au château des Tuileries. Quatre voitures, drapées de la même manière, suivaient celles de S. M. Le Roi vint par la rue de Rivoli, le Carrousel, et S. M. descendit au pavillon de l'Horloge. Elle fut reçue au bas du grand escalier par LL. AA. SS. Mgr. le duc d'Orléans, Mgr. le duc de Bourbon, les grands-dignitaires, les maréchaux de France, et les grands officiers de sa maison.

Le Roi étant entré dans la salle du trône, où était le lit d'honneur du feu Roi, se mit à genoux ainsi que LL. AA. RR. et SS. et tous les assistans, au pied de son auguste prédécesseur. S. M., après le *Miserere*, jeta de l'eau bénite sur le cercueil. Cet exemple fut suivi par LL. AA. RR. et SS. et par les ambassadeurs et ministres étrangers, qui avaient tous été invités à cette cérémonie.

Le lundi et les jours suivans, tous les corps et un grand nombre de particuliers furent admis à jeter de l'eau bénite sur le corps du feu Roi. Le mardi, la maison du Roi et celles des Princes, l'Infant de Portugal, les cours et les tribunaux, les officiers de la garde royale et de la garnison de Paris, l'école polytechnique et plusieurs autres corps entrèrent successivement.

C'est le même jour que le clergé de Paris fut appelé à acquitter ce devoir de regrets, d'amour et de reconnaissance.

Le mercredi, la garde nationale fut admise dans la salle du trône, et défila devant le lit d'honneur. Le bon ordre et le recueillement ajoutèrent à la pompe de cette triste cérémonie.

Le jeudi 23 septembre eut lieu l'imposante cérémonie du transport du corps du feu Roi à Saint-Denis.

Dix ans s'étaient écoulés depuis le jour où Louis XVIII, rendu à l'amour des Français, parut dans sa capitale: alors toute la population de Paris s'élançaut au-devant de Louis-le-Désiré, couvrait la route qu'il devait parcourir. Le 23 septembre, la même foule se pressait sur le même chemin, mais l'expression de la joie faisait place à celle de la douleur ; une morne tristesse, un recueillement grave, mais douloureux, remplaçaient les cris d'allégresses et de bonheur ; cette foule, naguères si animée, quand elle saluait son Roi arrivant sur son char de triomphe, était silencieuse en voyant passer son cercueil.

Dès le matin, par un mouvement général et spontané, tous les travaux furent suspendus dans Paris. La ville était déserte partout ailleurs que sur la route que devait parcourir le char funèbre. Mais, sur cette route quelle affluence, quel empressement! L'ordre le plus grand régnait cependant, et l'on eût dit que chacun eût craint de troubler le silence et la solennité de cette triste cérémonie.

La quantité des spectateurs était immense dans Paris. Sur toute la longueur du boulevard, des échafaudages avaient été élevés et étaient garnis, comme tous les balcons, et toutes les fenêtres des maisons, de personnes, la plupart vêtues en noir. Sur la route, depuis le matin, de longues files de piétons, arrivant des fermes, des châteaux, des villages voisins, sillonnaient au loin la plaine, et venaient par tous les chemins, par tous les sentiers, prendre place sur le passage du cortége. Rien n'était plus frappant que la gravité mélancolique de cette multitude de gens de tout rang et de tout âge, qu'avec une juste confiance on abandonnait à elle-même. Pour la première fois, dans de telles occasions, on ne voyait point de haies de soldats, point de gendarmes, nulle action extraordinaire de la police, et partout, cependant, le plus grand ordre régnait avec toutes les convenances de la circonstance.

A neuf heures trois quarts M.gr le Dauphin, S. A. R. M.gr le duc d'Orléans et S. A. R. M.gr le duc de Bourbon arrivèrent au château des Tuileries. La levée du corps du feu Roi se fit immédiatement après l'arrivée des princes, et le départ du convoi fut annoncé par cent un coup de canon. Aux salves de l'artillerie se joignit le bruit du bourdon de Notre-Dame, qui ne sonne que deux fois par règne, à l'avénement et à la mort du Roi. Toutes les cloches des églises de Paris répondirent à ce lugubre signal.

Le cortége funèbre se mit en marche. On n'entendait que les pas même très des soldats et, par intervalles, les roulemens sourds des tambours voilés.

Un détachement de la gendarmerie de Paris et du département de la Seine ouvrait la marche. Immédiatement après, dans le plus grand appareil, venaient les états-majors de la première division militaire, de la garde nationale et de la garde royale, auxquels s'étaient joints tous les officiers généraux qui se trouvaient à Paris sans commandement. Marchaient ensuite un escadron de la gendarmerie d'élite, trois bataillons d'infanterie de ligne, une compagnie de sous-officiers sédentaires, deux escadrons de cavalerie légère de la garde royale, une batterie d'artillerie à cheval de la garde royale, deux autres bataillons d'infanterie de la garde royale, six drapeaux funèbres des six premières légions de la garde nationale portés par six officiers de ces légions, deux bataillons d'infanterie de la garde nationale, une députation des élèves de l'école royale militaire de Saint-Cyr, une députation des élèves de l'école polytechnique, une députation des élèves de l'école d'équitation de Versailles, une députation de l'école d'application du corps royal d'état-major, les officiers de tous grades en congés illimités, en réforme ou en retraite. Tous les détachemens militaires portaient leurs armes renversées.

Des Ecclésiastiques du clergé de Paris, tenant chacun un cierge allumé, étaient précédés de quatre cents pauvres, vêtus d'une capote grise et chacun une torche à la main.

Ensuite s'avançaient les voitures de deuil, drapées de noir bordé d'effilé blanc, portant sur le siége et à la portière l'écusson des armes de France; elles étaient attelées de huit chevaux entièrement couverts de housses noires semées de larmes d'or et d'argent : un piqueur, à la livrée de chaque maison, était la seule indication qui la fît reconnaître. On remarquait ces voitures dans l'ordre ci-après : un carrosse pour deux grands officiers de l'ordre royal de la Légion d'Honneur et deux grands officiers de l'ordre royal et militaire de Saint-Louis; un carrosse pour quatre chevaliers de l'ordre du Saint-Esprit; un carrosse pour quatre maréchaux de France; un carrosse pour quatre pairs de France; un carrosse pour quatre députés des départemens; un carrosse pour le service de S. A. R. Mgr. le duc de Bourbon; un carrosse pour le service de S. A. R. Mgr. le duc d'Orléans; un carrosse pour le service de Mgr. le Dauphin; trois carrosses pour les grands, premiers et officiers de la maison du Roi.

Le carrosse dans lequel était Mgr. le Dauphin et les Princes du sang Royal, se distinguait des autres par les panaches noirs placés sur la tête des chevaux, et surtout par ce précieux et magnifique écusson écartelé de fleurs de Lys et de Dauphins qu'on n'avait pas vu en France depuis si long-tems. Il était précédé d'un grand nombre de personnes de chaque service de la maison civile du Roi, de deux gardes du corps du Roi, du page Dauphin, d'un écuyer calvacadour et d'un écuyer. Il était entouré d'un lieutenant et d'un sous-lieutenant des gardes du corps du Roi, d'un officier supérieur de la garde royale, de six gardes du corps et de deux pages du Roi.

Les regards se fixaient sur le carrosse dans lequel était Mgr. le Grand-Aumônier, portant le cœur du Roi, M. le Grand-Chambellan et un de MM. les Aumôniers du Roi. Il était suivi de douze pages du Roi, six héraults d'armes à cheval, le Roi d'armes à cheval, le grand-maître, le maître et les aides des cérémonies à cheval, quatre gardes du corps.

Venait enfin *le char funèbre*, dont la magnificence surpassait l'idée même qu'on avait pu s'en former. Sur son sommet, formant une espèce de dais, on voyait la couronne de France, supportée par quatre génies assis et tenant chacun un flambeau renversé; le plafond, bordé d'une magnifique galerie de velours dentelé et brodé de larges fleurs de lys d'or, était soutenu par quatre anges en pied, tenant une palme dans chaque main et qui semblaient s'élever vers le Ciel. Le corps était recouvert d'un magnifique drap d'or, avec une croix d'argent, ayant à la tête la couronne de France, et plus bas, le sceptre et la main de justice. Le mouvement balancé que la marche imprimait au char semblait animer les figures qui le décoraient et produisait un effet à la fois triste et majestueux. Les coins du poële étaient portés par quatre de MM. les aumôniers du Roi, entourés des valets de pied du Roi, des gardes de la Manche avec leurs hallebardes renversées, des gardes à pied ordinaire du Roi. Derrière, se voyaient, à cheval, M. l'écuyer commandant, deux écuyers cavalcadours, deux écuyers, deux capitaines des gardes du corps, et M. le maréchal duc de Bellune, major-général de la garde royale.

Le reste du cortége marchait dans l'ordre suivant : un escadron des gardes du corps : les six drapeaux funèbres des six dernières légions de la garde nationale, portés par six de MM. les officiers de ces légions ; deux bataillons d'infanterie de la garde nationale ; deux bataillons d'infanterie de le garde royale ; soixante hommes d'artillerie à pied de la même garde, avec une batterie ; deux escadrons de grosse cavalerie de la garde royale ; une compagnie de sous-officiers sédentaires ; un demi-escadron de la gendarmerie d'élite ; trois bataillons d'infanterie de ligne ; le carrosse du corps de S. A. R. M.gr le duc d'Orléans ; le carrosse du corps de S. A. R. M.gr le duc de Bourbon ; les carrosses de MM. le grand-aumônier, le grand-chambellan et des personnes du cortége ; un détachement de la gendarmerie du département de la Seine ; les carrosses du corps municipal de Paris ; un détachement de la gendarmerie de Paris.

De cinq minutes en cinq minutes on tirait un coup de canon pendant la marche du cortége, qui se développait sur une ligne de plus de douze cents toises : il fallait près d'une heure pour le voir passer en entier.

Il semblait qu'au moment où le Roi mort allait prendre place parmi ses aïeux, notre France, obscurcie par le deuil et pleurant le règne qui finissait, se ranimait par l'espoir du règne qui commençait : le soleil, qui avait été voilé pendant toute la matinée, se montra au moment de l'arrivée du Roi à Saint-Denis.

Le cortége parut à deux heures et demie devant le portail de Saint-Denis, qui était tendu de noir à une très-grande hauteur, décoré des écussons de France et des chiffres du Roi. Deux génies, qui couronnaient les décorations, tenaient le flambeau de la vie renversé. La nef, le chœur, le sanctuaire et l'autel étaient entièrement drapés, avec plusieurs rangs de lises et relevés d'armoiries de France ; au milieu du chœur s'élevait un magnifique catafalque, sous la forme d'un tombeau antique, couronné du baldaquin royal suspendu à la voûte, et couvert d'un drap d'or, du manteau royal et autres signes de la royauté, au-dessus desquels était la couronne voilée d'un long crêpe.

Le doyen du chapitre royal de Saint-Denis, précédé de MM. les chanoines et du clergé, alla processionnellement recevoir les dépouilles mortelles du feu Roi, présentées par Mgr. le grand aumônier de France, et qui furent déposées momentanément dans le monument funèbre élevé au milieu du chœur de la basilique.

Mgr. le Dauphin menait le deuil, suivi de LL. AA. RR. les ducs d'Orléans et de Bourbon. A la réception du corps on commença les anciennes pour les morts.

Aussitôt que LL. AA. RR. eurent fait leurs prières et salué l'assistance, les vêpres commencèrent. Après le *Magnificat*, Mgr. le grand aumônier entonna les pseaumes d'usage pour la cérémonie de la translation. Alors, le cercueil royal et l'urne renfermant le cœur du Roi furent escortés par l'assistance jusqu'à la chapelle Saint-Louis, transformée en chapelle ardente, où furent placées les dépouilles mortelles du Roi pour être exposées à la vénération des fidèles jusqu'à son inhumation.

Une circonstance trop remarquable pour être passée sous silence, c'est que la pluie, qui était tombée par torrens à Paris, dans plusieurs quartiers, même pendant la marche du cortège, n'a pas tombé sur la route qu'il a tenue et n'a recommencé qu'après que le cercueil a été déposé à Saint-Denis.

Adieu, monarque révéré, plus chargé de gloire que de jours, grand sur le trône, plus grand dans le malheur, digne restituteur de la foi et des libertés de nos pères, qui seules pouvaient nous dédommager de la gloire infidèle! Adieu, sage législateur, père des malheureux, vengeur de la patrie, oublieux de tes propres injures, consolateur du peuple, et modèle des Rois! Adieu, Prince vraiment éclairé, tuteur des lettres et des arts, digne de les inspirer autant que de les protéger; toi qui pacifias l'Europe et nos cœurs; toi dont la vie glorieuse ne peut être égalée que par une mort héroïque. Adieu, si nous ne te voyons plus sur le trône, nous lèverons nos yeux ailleurs pour te contempler dans ce ciel, retraite des Rois de ta race, asile digne de tes vertus, et d'où tu veilleras encore sur nous!

AVÈNEMENT DE CHARLES X
AU TRÔNE DE FRANCE.

Elles retentissent encore ces paroles que Charles-Philippe de France, MONSIEUR, comte d'Artois, lieutenant-général du royaume, prononça en rentrant dans Paris :

PLUS DE DIVISIONS.... LA PAIX ET LA FRANCE... JE LA REVOIS ENFIN, ET RIEN N'Y EST CHANGÉ, SI CE N'EST QU'IL S'Y TROUVE UN FRANÇAIS DE PLUS. VIVE LA FRANCE ! VIVENT LES FRANÇAIS. Les Français lui répondaient : VIVE LE ROI ! VIVENT LES BOURBONS !

Voilà le fils d'Henri IV, s'écriait-t-on. — *Oui, son sang coule dans mes veines*, reprenait le prince chéri : *je désirerais avoir ses talens, mais je suis bien sûr d'avoir son cœur et son amour pour les Français.*

Français, c'est ce prince qui vient de se faire entendre comme votre Roi. C'est CHARLES X qui, pleurant encore la mort de son vertueux frère, promet de nous rendre ce que nous avons perdu : la vertu des Bourbons ne meurt pas plus que Roi de France.

Le 17 septembre, le Roi, qui s'était rendu à Saint-Cloud, a reçu solennellement l'hommage des Princes et Princesses de la famille Royale. Mgr. le Dauphin s'est jeté aux pieds de S. M., qui l'a relevé et l'a serré dans ses bras. Le Roi a donné les mêmes témoignages d'affection à tous les membres de son illustre famille.

Le Roi a reçu ensuite les hommages des grands de l'État.

A midi, S. M. est allée à la chapelle et a entendu la messe. Après la messe il y a eu réception solennelle.

S. M. paraissait profondément émue. Ses traits peignaient sa douleur, qu'elle savait pourtant surmonter pour ne s'occuper que des devoirs de la Royauté.

VOICI LES RÉPONSES DU ROI.

Son Em. M. le Nonce apostolique de Sa Sainteté, à la tête du corps diplomatique, ayant complimenté le Roi, Sa Majesté a répondu :

« M. le Nonce, mon cœur est trop déchiré pour que je
» puisse exprimer les sentiment qui le remplissent. Je vous
» remercie de ceux que vous me témoignez au nom du
» corps diplomatique. Je n'ai qu'une ambition, Messieurs,
» je demande à Dieu qu'elle soit remplie, et j'espère
» qu'il me l'accordera : c'est de continuer ce que mon
» vertueux frère a si bien fait ; c'est que mon règne
» ne soit que la continuation du sien, tant pour le bon-
» heur de la France que pour la paix et l'union de
» toute l'Europe. C'est mon vœu, c'est ma prière au
» ciel, et ce sera l'étude de ma vie. »

M. le Chancelier et MM. les pairs de France ayant été introduits chez le Roi, S. M. a ordonné au grand maître des cérémonies de faire entrer aussi MM. les députés des départemens présens à Saint-Cloud. Après que M. le chancelier a eu exprimé au nom de MM. les Pairs, les sentimens de leur douleur et de leur respect, le roi a adressé à MM. les pairs et à MM. les députés les paroles suivantes :

« Messieurs,

» Mon cœur est trop profondément affecté pour qu'il
» me soit possible d'exprimer les sentimens que j'é-
» prouve, mais je serais indigne de celui qui m'a laissé
» de si grands exemples, si, me livrant trop à ma dou-
» leur, je ne conservais assez de force pour remplir les
» devoirs qui me sont imposés. J'étais frère, main-
» tenant je suis Roi, et ce titre indique à lui seul la
» conduite que je dois tenir.
» J'ai promis, comme sujet, de maintenir la *Charte*
» et les institutions que nous devons au souverain dont
» le Ciel vient de nous priver : aujourd'hui que le droit
» de ma naissance a fait tomber le pouvoir entre mes
» mains, je l'emploierai tout entier à consolider, pour
» le bonheur de mon peuple, le grand acte que j'ai
» promis de maintenir.
» Ma confiance dans mes sujets est entière, et j'ai la

» ferme certitude que je trouverai en eux les mêmes
» sentimens à mon égard.

« Je dois vous ajouter, Messieurs, que conformément
» aux sages intentions du Roi que nous pleurons, je
» convoquerai les Chambres à la fin de décembre. »

Ces paroles du Roi ont été suivies des cris prolongés
de *Vive le Roi! Vive Charles X.*

MM. les maréchaux de France ayant été admis à faire
leur cour au Roi, M. le maréchal duc de Coëgliano a
été l'interprète de leurs sentimens de douleur, de respect et de fidélité. Sa Majesté a dit :

« Messieurs, je n'oublie point les services que vous
» avez rendus au Roi et à la France. Comptez que,
» dans toute occasion, je serai heureux de vous donner
» des preuves de ma confiance et de mon attachement. »

MM. les maréchaux, profondément émus, ont laissé
éclater le cri de *Vive le Roi!*

Le Roi a dit à M. l'archevêque de Paris :

« Monsieur l'archevêque, unissez vos prières aux
» miennes, pour que le ciel daigne nous consoler du
» malheureux événement qui nous afflige. Je puis tout
» avec Dieu, Monsieur; je ne puis rien sans lui. »

A M. l'évêque de Versailles :

« Monsieur l'évêque, implorez pour moi et pour mon
» peuple la protection de Dieu. Joignez vos prières aux
» miennes pour qu'il me donne la force de faire le
» bonheur de mes sujets. »

A M. le Garde-des-Sceaux, qui a présenté à S. M. le
Conseil d'Etat :

« Messieurs, je suis satisfait des sentimens que vous
» m'exprimez. Continuez avec le même zèle les services
» que vous avez rendus à mon frère. »

A M. le comte de Séze, premier président de la cour
de cassation :

« Messieurs, mon cœur est trop oppressé par la dou-
» leur pour que je puisse exprimer les sentimens dont
» je suis pénétré; mais je dois vous dire que tout ce
» qui me reste de forces, tout ce que Dieu m'en con-
» servera, sera en tout temps employé pour le bonheur
» de mes sujets, afin de continuer le règne de celui
» qui vient de nous être enlevé.

« C'est mon unique ambition, mon unique vœu.

» Je compte sur la fermeté et l'impartialité de la
» justice. C'est par là que vous seconderez mes inten-
» tions, que vous donnerez de la force à mon gou-
» vernement, et que vous ferez respecter les lois qui
» doivent garantir la sûreté de tous les citoyens.

» Quant à vous, Monsieur, j'avais deux frères;
» vous avez servi l'un au péril de votre vie, vous
» avez servi l'autre avec zèle et fidélité: continuez-
» moi les mêmes sentimens, ainsi que toute votre
» compagnie. »

A M. de Barbé-Marbois, premier président de la
cour des comptes :

« Messieurs, je n'exprimerai point tout ce que je sens,
» mais j'espère que Dieu me donnera la force de
» remplir les grands devoirs qui me sont imposés, c'est
» la seule grâce que je lui demande pour moi; avec
» ce secours je parviendrai, j'espère, à continuer ce
» que mon vertueux frère a fait avec tant de générosité
» et de magnanimité.

» Messieurs, je compte sur vous pour le soin que
» vous donnerez aux importantes affaires qui vous
» sont confiées; plus vous y mettrez de fermeté, plus
» vous serez sûr de ma confiance, et dignes de celle
» de la France. »

A M. l'Evêque d'Hermopolis, ministre des affaires
ecclésiastiques et de l'instruction publique :

« Je ferai, autant que je pourrai, violence à ma
» douleur, pour remplir tous les devoirs qui me sont
» imposés par ma naissance et par le titre que je porte
» aujourd'hui.

» Secondez-moi, Messieurs, j'invoque les prières du
» clergé, qu'il les unisse aux miennes pour me donner,
» comme vous le disiez justement, les moyens de con-
» tinuer le règne de mon frère.

» Quant à l'instruction publique, songez, Messieurs,
» combien elle est importante pour le bonheur de la
» génération actuelle et pour celui de nos neveux.
» C'est à ce but qu'un gouvernement sage doit tou-
» jours penser.

» Je m'en rapporte à vos soins et à ceux de vos

» professeurs, pour y employer tout le zèle qui peut
» dépendre d'eux et de vous. »

A M. Dupaty, président de chambre de la cour
royale :

« Messieurs, la douleur publique dont vous vous
» rendez les organes, vous peint assez celle qui dé-
» chire mon cœur. J'espère que Dieu m'aidera dans
» cette circonstance pour conserver les moyens de
» continuer le règne glorieux du frère que je viens
» de perdre.

» Quant à vous, Messieurs, j'attends de vous et de
» toutes les cours de justice de mon royaume cette
» impartialité et cette fermeté qui distinguèrent toujours
» la magistrature française. Vous honorerez vos fonc-
» tions, vous servirez le trône en agissant ainsi. Re-
» doublez de zèle, Messieurs, et soyez sûr de ma
» protection et de mon appui dans tout ce qui dépendra
» de moi. »

A M. le préfet de la Seine et au corps municipal
de Paris :

« Messieurs, mon cœur fut sensiblement touché de
» l'accueil que je reçus dans la journée du 12 avril 1814,
» en rentrant dans Paris ; il l'est bien plus de la pro-
» fonde douleur que ma bonne ville à fait éclater à
» la mort du Roi vertueux que nous venons de perdre.
» Mes efforts seront tous consacrés à continuer ce qu'il
» a fait avec tant de gloire et de bonheur. Comptez,
» Messieurs, non seulement sur ma protection, mais
» sur mon attachement et sur mon amour. Croyez
» que j'emploierai toute la force que Dieu voudra me
» laisser encore, à contribuer au bonheur d'un peuple
» que j'aime, et pour lequel je veux vivre et mourir. »

A M. le Préfet de Seine-et-Oise et au corps municipal de Versailles :

« Messieurs, la ville de Versailles et tout le dépar-
» tement de Seine-et-Oise connaissent les sentimens
» qui m'animent pour eux. Je continuerai, si je le puis,
» si Dieu me le permet, tout ce que mon frère, que
» nous venons de perdre, avait fait pour le département
» et pour la ville. Comptez sur ma protection comme
» sur mon attachement, et croyez que je serai heureux

» de donner à cette ville, où Dieu a voulu que je na-
» quisse, tous les témoignages d'attachement qui dé-
» pendront de moi. »

A M. Janod, vice-président du tribunal de première
instance du département de la Seine :

« Messieurs, le tribunal de première instance partage
» tous les sentimens de douleur et d'affliction qui animent
» la France entière, et qui déchirent mon cœur. Conti-
» nuez, Messieurs, à rendre la justice avec cette fer-
» meté et cette exactitude dont vous parlez ; c'est le moyen
» le plus sûr de mériter ma protection et mon affection. »

Au tribunal de première instance de Versailles :

« Messieurs, la France entière partage les sentimens
» que vous venez d'exprimer. Continuez à rendre la jus-
» tice avec impartialité, et de mériter ainsi ma protec-
» tion et ma bienveillance. »

Au tribunal de commerce du département de la Seine :

« Messieurs, ma douleur est trop vive pour que je
» puisse vous exprimer tout ce que je sens. Je dois ce-
» pendant vous dire que si le Ciel m'accorde les forces
» que je lui demande, je les consacrerai tout entières
» au bonheur de mes sujets. Je vous recommande de re-
» doubler de zèle pour rendre la justice en ce qui tient
» au commerce. Je sens combien le commerce est utile
» à la France. Comptez sur la protection que je lui
» accorderai dans tout ce qui dépendra de moi, et se-
» condez mes efforts. »

Aux juges de paix de Paris :

« Messieurs, c'est une consolation pour moi que ces
» accens de la douleur publique et ces signes d'une af-
» fliction partagée par toute la France.
» J'espère, Messieurs, que Dieu me conservera la
» force de remplir les immenses devoirs qui me sont
» confiés. Pour vous, Messieurs, continuez de remplir
» vos devoirs avec tout le zèle qui vous anime, et
» sachez que plus vous y mettrez d'activité et d'impar-
» tialité, plus vous mériterez ma protection. »

Aux Membres de l'Académie Française :

« Messieurs, j'ai perdu un frère tendre, la France un
» Roi sage et éclairé, les sciences un Prince qui les
» avait cultivées dès sa jeunesse, et qui était sans cesse

» occupé du soin de les faire fleurir. J'emploierai tout
« ce qui dépendra de moi pour les protéger. Je n'y
» mettrai pas le même talent, mais j'y mettrai le même
» zèle. Comptez-y, Messieurs, et croyez aussi que je
» compte sur votre dévouement. »

A M. Marron, Président du Consistoire de l'église
réformée :

« Messieurs, je suis satisfait de l'expression de la
» douleur que vient de me témoigner le consistoire.
» Soyez sûrs, Messieurs, de ma protection comme
» vous l'étiez de celle du Roi qui vient de nous être
» enlevé. Tous les Français sont égaux à mes yeux,
» tous les Français ont des droits égaux à mon amour,
» à ma protection, à ma bienveillance. »

A M. Goeppe, président du consistoire de la confession d'Augsbourg :

« Je suis sûr, Messieurs, que vous partagez, ainsi
» que toute la France, la douleur qui déchire mon
» cœur. Croyez bien que vous trouverez en moi les
» mêmes sentimens et le même appui que le Roi mon
» frère accordait à la confession d'Augsbourg, ainsi qu'à
» tous ses sujets. Heureux si l'on peut dire que le règne
» de Louis XVIII est simplement continué. »

A M. Cologna, au nom du consistoire israélite :

« Messieurs, la douleur publique est la seule conso-
» lation pour mon cœur. Je vois que tous les Français
» partagent les sentimens dont je suis déchiré. Comptez,
» Messieurs, sur ma protection, et je compte sur votre
» zèle. »

A la société d'agriculture de la Seine :

« Je suis satisfait, Messieurs, des sentimens que
» vous m'exprimez, et qui sont ceux de la France
» entière. Comptez sur ma protection et sur ma bien-
» veillance. »

Il faut considérer les premières paroles du Roi
Charles X comme des faits. Dans ce qui aurait pu
sembler n'être qu'un vain cérémonial de cour, la
royauté tout entière s'est mise en action. Les premiers
discours de Charles X ont tracé tout un règne, en le
révélant à la France. Le règne qui commence est em-
preint de deux vertus distinctives : la bonté et la
franchise.

Charles X, que les droits de sa naissance viennent d'appeler sur le trône des lys, est le 36.ᵉ Roi de la dynastie Capétienne, et le 38.ᵉ, si l'on compte les Rois Eudes et Robert, aïeul et oncle de Hugues-Capet, qui appartiennent à la seconde race.

Charles X est né le 9 octobre 1757. C'était le cinquième fils du Dauphin, fils de Louis XV. Ses frères étaient les ducs de Bourgogne et d'Aquitaine, morts en bas âge, et Louis XVI et Louis XVIII.

Mgr. le duc d'Angoulême, fils et unique héritier du Roi, prend de droit le titre de *Dauphin* ; MADAME, duchesse d'Angoulême, celui de *Dauphine* ; et Madame la duchesse de Berri, celui de MADAME. Le Roi a accordé le titre d'*Altesse Royale* à Mgr. le duc d'Orléans, à Mgr. le duc de Bourbon, et à leurs héritiers et descendans.

L'entrée solennelle du Roi Charles X dans sa capitale a eu lieu le 27 septembre 1824. Elle a offert l'aspect d'une marche vraiment triomphale.

Malgré la pluie, dès le matin, tous les quartiers par lesquels devait passer le cortége, étaient garnis de monde ; toutes les maisons étaient décorées de drapeaux blancs fleurdelysées.

Le Roi étant arrivé à midi précis à la porte Maillot (l'exactitude est la politesse des rois), est monté à cheval malgré une forte pluie.

Le cortége s'est mis en marche dans l'ordre ci-après : un peloton de la gendarmerie de Paris, l'état-major de la place et celui de la première division militaire, auquel s'étaient joints une foule d'officiers-généraux qui se trouvaient à Paris sans commandement ; les états-majors de de la garde royale et de la garde nationale ; deux escadrons de cavalerie légère de la garde royale ; S. A. R. Mgr le duc de Bourbon, précédé de ses aides de camp, de son premier gentilhomme et de son premier écuyer ; S. A. R. Mgr le duc d'Orléans, également précédé de ses aides-de-camp, de son premier gentilhomme et de son premier écuyer ; deux gardes du corps du Roi ; le page dauphin du Roi et plusieurs autres pages de S. M. ; les aides-de-camp de Mgr. le Dauphin et deux de ses menins ; un écuyer cavalcadour et un écuyer ordinaire ; un premier menin ;

Mgr le DAUPHIN; un premier gentilhomme de la chambre du Roi; un premier menin; un lieutenant, un sous-lieutenant et quatre gardes du corps du Roi; plusieurs pages du Roi; les gardes à pied ordinaires du Roi; quatre gardes du corps; les officiers supérieurs des gardes du corps; les écuyers ordinaires du Roi; les aides de camp du Roi; les aides de cérémonies; un écuyer-cavalcadour; les gentilhommes de la chambre; LE ROI, précédé des premier écuyer et écuyer commandant, entouré de M. le maréchal major-général de service de la garde royale, du grand maître et du maître des cérémonies, des capitaines de ses gardes, de deux premiers gentilhommes de la chambre, du premier chambellan, d'un premier maître d'hôtel, du chambellan de l'hôtel, du ministre de la guerre et des maréchaux de France. Venaient ensuite deux gardes du corps; les pages de M.me la DAUPHINE; un écuyer cavalcadour et un écuyer ordinaire; un carosse où étaient Mme la DAUPHINE, MADAME duchesse de Berry, Mme la duchesse et Mlle d'Orléans, entouré d'officiers des gardes-du-corps du roi et d'officiers de la garde royale; un escadron des gardes du corps; des carosses pour les dames d'honneur et les dames d'atour des princesses de la famille Royale; un escadron de la gendarmerie d'élite; deux escadrons de grosse cavalerie de la garde royale. Un détachement de la gendarmerie de Paris fermait la marche.

Mgr. le Dauphin portait l'uniforme de grand amiral, et S. A. R. Mgr. le duc d'Orléans avait l'uniforme de colonel-général des hussards.

S. A. R. Mgr. le duc de Bourbon marchait en tête du cortége. Sa vue réveille toujours des regrets profonds. Cette brillante race des Condé s'éteindra-t-elle en lui ? On dit qu'une adoption en fera revivre le nom. Le peuple de Paris ne pouvait se souvenir de l'usurpation et de la révolution que par des témoins vivans de leurs crimes : le père du duc d'Enghien et le fils du duc de Berri.

Cent un coups de canon ont annoncé l'entrée de S. M. dans Paris.

Le Roi est arrivé à midi à la barrière de l'Étoile, où l'attendait le corps municipal, à la tête duquel étaient M. le comte de Chabrol, préfet de la Seine, et M. Delavau, préfet de police. M. le préfet de la Seine a été admis à présenter les clefs de Paris à S. M., et lui a adressé ce discours :

« SIRE ,

» L'aspect de Votre Majesté vient dissiper le voile funèbre qui couvre ces murs. Cette immense population pleurait un père : elle retrouve aujourd'hui son Roi , et comme aux jours passés , elle s'est tout entière révélée dans sa douleur. Roi chéri , vous l'allez voir tout entière , unanime et fidèle , se manifester dans sa joie. Vous régnez depuis quelques jours , Sire , et déjà la dignité de la Famille royale étendue , la grande pensée de l'État fortifiée dans son centre même , des actes répétés de clémence et de bonté signalent les heureux débuts de votre règne. Jouissez de vos premiers bienfaits, jouissez , Sire , du tableau qui s'offre à vos yeux.

» La confiance a pénétré les cœurs , le crédit s'élève , tout reprend une vie nouvelle , et les esprits s'unissent, confondus dans une même pensée d'espoir et d'amour, comme au jour à jamais heureux où la capitale vous vit , vous reçut , et vous porta en triomphe dans le palais de vos ancêtres. Sire , les magistrats de Paris viennent sur le seuil de ses portes , placer cette ville fidèle sous votre auguste protection. V. M. nous l'a permis d'y compter , et ses royales paroles sont gravées dans toutes les âmes. Entouré des princes de votre illustre maison , escorté par la gloire de la France , vous allez , Sire , entrer dans ces murs.

» Nos vieux monumens semblent s'énorgueillir de compter un roi de plus dans l'antique dynastie qui les fonda , dans cette longue suite de rois, vos aïeux , qui tous se plurent à faire prospérer et embellir leur capitale. Fier d'être le berceau de la plus noble et de la plus glorieuse famille de l'univers, fier de posséder son nouveau Roi ; Paris peut aspirer à devenir la reine des cités par sa magnificence , comme son peuple veut être le premier de tous par sa fidélité , son dévouement et son amour.

» Veuillez , Sire , agréer ces clefs , marque de sa soumission et de son respect ; laissez-nous les déposer aux pieds de V. M. , comme nous y déposons l'hommage des transports et des sentimens unanimes de cette foule immense accourue pour voir son roi. *Vive le Roi!* »

Le Roi a répondu :

« Je vous laisse en dépôt ces clefs, parce que je » ne puis les remettre en des mains plus fidèles. Gardez - » les donc Messieurs ; gardez-les.

» C'est avec un sentiment profond de douleur et de » joie que j'entre dans ces murs, au milieu de mon bon » peuple ; de joie, parce que je sais bien que je veux » employer, consacrer jusqu'au dernier de mes jours » pour assurer et consolider son bonheur. »

Aux Champs-Élysées un homme a percé la haie des militaires et a présenté un placet au Roi. S. M. l'a pris elle-même avec la plus touchante bonté, et l'a remis à un gentilhomme de sa suite.

Un peintre avait eu l'heureuse idée d'établir, à plus de 20 pieds de hauteur une Gloire, sur laquelle était assise l'Abondance avec tous ses attributs. Lorsque S. M. est passée, deux génies, dont l'un portait ces mots: *vive Charles X !* et l'autre, une couronne d'or, sont sortis des nuages qui entouraient la Gloire.

Sur le boulevart de la Madeleine, près de la rue Duphot, une couronne d'immortelles et de lauriers est venue se placer sur la tête du Roi avec une admirable précision.

La rue Saint-Denis tout entière était pavoisée. Les habitans avaient garni leurs maisons de transparens. On en remarquait un qui représentait un lys chargé de fleurs avec cette légende : *Ils ne périront jamais en France.* Plus loin on lisait :

> Cette race immortelle, à la France si chère,
> Donne des saints au Ciel et des rois à la terre.

La pluie qui tombait abondamment quand S. M. s'est mise en marche, a cessé au moment où le cortége arrivait aux Boulevards. C'est là surtout que la foule se pressait avec le plus d'affluence ; les innombrables spectateurs agitaient leurs mouchoirs et leurs chapeaux comme au 12 avril 1814, et faisaient retentir l'air des cris de *vive le Roi! vivent les Bourbons !* S. M. a porté plusieurs fois la main à son chapeau. Une sorte de satisfaction tempérait sur ses traits l'impression pécore visible d'une douleur récente. On a remarqué plusieurs fois que le Roi, monté sur un superbe cheval qu'il guidait avec une grâce toute particulière, semblait en modérer le pas pour jouir plus long-temps de l'expression d'amour et de contentement qu'il lisait sur toutes les physionomies.

Le Roi ayant permis que les religieuses qui se sont dévouées au service des malades lui présentassent leurs respects, conformément à l'ancien usage, elles sont sorties de l'Hôtel-Dieu au nombre de cinquante, conduites par M. de Marbois, membre du conseil-général chargé de la surveillance de cette maison.

La prieure a adressé au Roi, un discours, auquel S. M. a répondu :

« Je sais avec quel zèle, vous et ces messieurs, vous » servez les pauvres. Continuez, Mesdames, et vous » pouvez compter sur ma bienveillance et sur ma » constante protection. »

Les boulevards, les rues et les quais étaient garnis de monde comme s'il avait fait le plus beau tems. Toutes les maisons étaient décorées de drapeaux blancs fleurdelisés. Le Roi marchait au pas. L'enthousiasme que sa présence inspirait ne saurait se décrire. De toutes parts, on n'entendait que les cris : *Vive le Roi ! vive Charles X ! vive le Dauphin ! vivent les Bourbons !* Le Monarque témoignait le plaisir qu'il éprouvait par la manière affable dont il saluait son peuple. S. M. a daigné recevoir elle-même, avec la plus gracieuse amabilité, plus de quatre cents pétitions qui lui ont été présentées. Plusieurs fois, le Roi a adressé la parole à des officiers, et même à de simples gardes nationaux ; l'ivresse de la population entière de la capitale était au comble ; c'était un jour de fête, un jour de bonheur général, qui fera à jamais époque dans nos annales.

Le Roi est arrivé à Notre-Dame à deux heures dix minutes. S. M. a été reçue par M. l'archevêque, qui lui a adressé le discours suivant :

« SIRE,

» Tous les cœurs volent au-devant du Roi à son retour dans la capitale. La douleur et le respect ne peuvent retenir l'élan et les transports de votre peuple. Les larmes font place à d'autres larmes et des acclamations succèdent au plus morne silence. Sire, c'est l'amour qui a pleuré, c'est l'amour qui se réjouit maintenant.

» Avant de monter au palais de ses pères, avant de prendre un repos qui sera le nôtre, V. M. vient aujourd'hui, avec le plus frappant appareil relever la religion abattue du même coup qui a frappé le Roi Très-Chrétien ; vous voulez, Sire, qu'elle soit la première à recevoir les consolations que vous apportez à tous ; soyez donc béni ! entrez dans le sanctuaire, veuillez lui tendre votre main royale, et recueillir de sa bouche fidèle la promesse de sa divine reconnaissance.

» Pour nous, Sire, qui sommes ses ministres et vos sujets, nous vous supplions sur le seuil de ce temple ; d'avoir pour agréables des respects et des vœux que je suis en ce moment si heureux et si honoré d'offrir à V. M. en qualité de son premier pasteur ; qu'elle daigne aussi agréer tous ceux des vénérables prêtres qui partagent les travaux et les sollicitudes de mon épiscopat ; qu'elle permette enfin au clergé, au chapitre, à l'archevêque de Paris, de lui jurer par le Dieu vivant et à la face des sacrés autels, la foi et l'hommage qu'ils ont gardés à votre auguste frère. »

Le Roi a répondu.

«- Monsieur, mon premier devoir, comme mon pre-
» mier besoin dans une circonstance aussi déchirante
» pour mon cœur, était de venir me prosterner aux
» pieds du Seigneur, afin de lui demander, par l'inter-
» cession de la Sainte-Vierge, la force et le courage
» qui me sont nécessaires pour remplir la tâche énorme
» qui m'est imposée. Sans lui, nous ne pouvons rien,
» nous pouvons tout avec lui. Aidez-moi, Messieurs,
» de vos prières, je vous le demande, non pas seule-
» ment pour moi, mais pour la France, que mon frère
» a rendue si heureuse. Oui, malgré ma douleur, j'ai le
» sentiment, j'ai la confiance, qu'avec le secours d'en
» haut, je parviendrai, non à lui faire oublier la perte
» qu'elle a faite, mais du moins à lui en adoucir l'amer-
» tume. »

Il avait été élevé devant la principale entrée de l'église, un portique octogone, composé de huit colonnes soutenant des arceaux enrichis d'écussons aux armes de France. Au centre du plafond fleurdelisé, l'image du Saint-Esprit rayonnait au milieu d'une gloire. Les entrées latérales étaient décorées de riches tapis, représentant des sujets religieux.

En avant des gros piliers de l'orgue et sur des piédestaux ornées de couronnes et de chiffres du Roi, s'élevaient des groupes d'anges, portant des corbeilles chargées de fleurs et entrelacées de branches de lis et d'oliviers.

Des barrières recouvertes de draperies séparaient la nef des bas côtés; des piédestaux chargés de candélabres à girandoles marquaient le passage du cortége. Quatre colonnes offrant les emblêmes de la religion et de la légitimité s'élevaient en avant des piliers de la croix; les grandes ogives des hautes travées présentaient des figures de saints et de saintes dans de riches encadremens. Les piliers étaient revêtus de drapeaux et de trophées aux armes de France.

Au-dessus du trône placé au milieu du chœur, s'élevait un magnifique dais surmonté de la couronne royale. Des croix d'or enrichies de pierres se dessinaient sur un fond d'azur et ornaient les arcades du sanctuaire.

Pendant toute la cérémonie, on a remarqué avec un intérêt mêlé de curiosité, le descendant du meûnier Michau, qui avait le costume de drap blanc, et qui était placé dans la croix de l'église près d'un des piliers. — Au retour de Notre-Dame, le cortége a dû passer devant l'image de Henri IV. Le Roi était à cheval comme lui et rentrant dans sa capitale. L'air de *Vive Henri IV* s'est fait entendre et a accompagné le cri de *vive Charles X!*

Le cortége, forcé de marcher au pas, avait atteint le pont des Arts, lorsqu'une jeune femme d'environ vingt-trois ans, qui depuis long-tems cherchait à traverser la haie, a tenté un nouvel effort. Un vieil officier général, témoin de ses tentatives, s'approchait d'elle, lorsque, par un mouvement plein de vivacité, elle s'est précipitée au-devant des premiers rangs de la cavalerie; le passage lui a soudain été fermé. Les soldats se disposaient même à la faire retourner sur ses pas; mais le vieux lieutenant-général est allé lui-même à son secours. Elle agitait en l'air un papier; mais ses pleurs, son agitation, ne lui permettaient pas de parler, et ces mots : *mon mari!* étaient les seuls que l'on pût entendre.

Ce mouvement, quoique très-prompt, avait attiré les regards de S. M. Le Prince a fait un signe de la main. « Laissez, dit-il, avec un de ses accens de bonté si familiers aux Bourbons, laissez approcher. » Et le Monarque tend lui-même la main à la jeune femme qui se précipite à ses pieds. S. M. prend son placet, et la remerciant comme d'un service, « Bien obligé, mon enfant, lui dit-il. » Jamais grâce n'est sortie plus touchante de la bouche d'un Roi. Le peuple ému, touché jusqu'aux larmes de cette action, n'a plus gardé aucune mesure ; son enthousiasme était au comble, on a eu toutes les peines du monde à l'empêcher d'entourer le Monarque, que ses cris unanimes ont accompagné jusqu'aux Tuileries.

Le Roi est arrivé au château à quatre heures moins un quart. En rentrant, S. M. a dit : *je ne suis pas fatigué, je suis content, je dirais presque qu'on a été trop bien.*

Depuis la porte Maillot jusqu'aux Tuileries on n'a entendu qu'un cri : *vive le Roi! vive Charles-le-bien-aimé.*

Charles X n'est rentré dans le palais de ses pères qu'après être allé demander à Dieu, dans son temple, *la force,* comme il nous l'a dit lui-même, *de faire le bonheur de ses enfans.* Il l'aura, il l'aura long-tems ! Dieu est avec les Rois de sa race! Dieu protége la France! La religion a reçu son premier hommage: c'est un spectacle consolant pour tous les cœurs ; car y a-t-il parmi les hommes une limite plus forte, plus sacrée, au pouvoir absolu des rois, que la pensée de Dieu ! La religion est la protectrice naturelle de toutes les libertés, puisqu'elle élève partout pour barrière, à des pouvoirs périssables, la puissance de l'Eternel ! Un roi qui craint le ciel ne peut que verser des biens sur la terre.

Le 27 septembre sera dans l'histoire le pendant du 12 avril. Ce sera une époque de rajeunissement et une ère de réconciliation.

A NANTES, DE L'IMPRIMERIE DE MELLINET-MALASSIS.

www.ingramcontent.com/pod-product-compliance
Lightning Source LLC
Chambersburg PA
CBHW071410030726
47594CB00006B/2381